Dieter Kolb/Frithjof Krepp

100 Keyboard Songs für 3 Akkorde

Keyboardspielen in Rekordzeit

Band 1

Oldies, Hits, Traditionals aus aller Welt, deutsche Volks-, Spaß- und Kinderlieder

LEU-VERLAG

Die 100 Songs - Reihe für Gitarre

100 Songs für 3 Akkorde ISBN 3-928825-00-3
100 Songs für 3 plus 3 Akkorde ISBN 3-928825-29-1
100 Songs für 3 plus mehr Akkorde ISBN 3-928825-31-3

Die 100 Songs - Reihe für Keyboard

100 Keyboardsongs für 3 Akkorde ISBN 3-928825-49-6
100 Keyboardsongs für 3 plus 4 Akkorde
erscheint im Herbst 1994

Lektorat: Wolfgang Leupelt
Umschlag: Klever Repro, Bergisch Gladbach
Noten- und Textsatz: Esther Krepp, 61389 Schmitten 3
Zeichnungen: Barbara Heier-Rainer
Belichtung: Conver Data GmbH, Friedrichsdorf
Druck: Druckhaus Gummersbach

Printed in Germany 1994

ISBN 3-928825-49-6

VORWORT

Die drei Bände der 100 Songs - Reihe für Gitarre haben nach Erscheinen eine Vielzahl von Freunden gefunden.
Nach dem gleichen pädagogischen Konzept liegt jetzt der erste Band für Keyboarder vor. Er beinhaltet eine umfangreiche Songauswahl vom einfachen Kinderlied bis hin zu Hits, Schlagern und Oldies und ist in erster Linie als Ergänzung z.B. einer Keyboardschule gedacht, kann aber auch bei entsprechender pädagogischer Betreuung oder etwas Vorkenntnis diese ersetzen.
Da alle 100 Titel von den gleichen drei Fingern der linken Hand begleitet werden, kann der Keyboardspieler sich vorwiegend auf das Spielen mit der rechten Hand konzentrieren. Eine Vielzahl von Melodien sind zusätzlich rhythmisch vereinfacht, so daß ein rasches Erfolgserlebnis gewährleistet ist.
Der Folgeband mit vier weiteren Begleitakkorden ist für den Herbst 1994 geplant.

Viel Spaß, Freude und Erfolg beim Keyboardspielen
wünschen Dir

die Verfasser

Inhalt

Gospels und Spirituals

Oldies, Hits und Evergreens

Hallo! Lieber Keyboarder,

wenn Du an diesem Instrument Deine ersten musikalischen Erfahrungen sammelst, hilft Dir sicher die folgende einführende Musiklehre mit den wesentlichen Begriffen und deren Anwendung am Keyboard.

1. DIE NOTENSCHRIFT

Noten haben Namen und werden, um ihre genaue Tonhöhe festzulegen, in einem fünflinigen Notensystem aufgezeichnet. Dieses Notensystem beschränkt sich auf 7 Stammtöne (c d e f g a h), die sich in gleicher Reihenfolge in den höheren und tieferen Tonlagen wiederholen.
Ober - und unterhalb des fünflinigenNotensystems werden Noten mit Hilfslinien versehen.
Um die Töne in verschiedenen Höhenlagen benennen zu können, werden Töne mit Strichen versehen. Z. B.: g', c''.
Die folgende Abbildung zeigt die Zuordnung der Töne zu den Keyboardtasten.

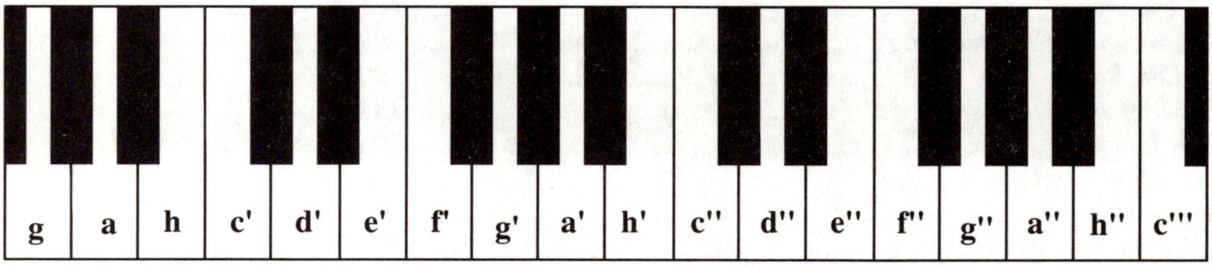

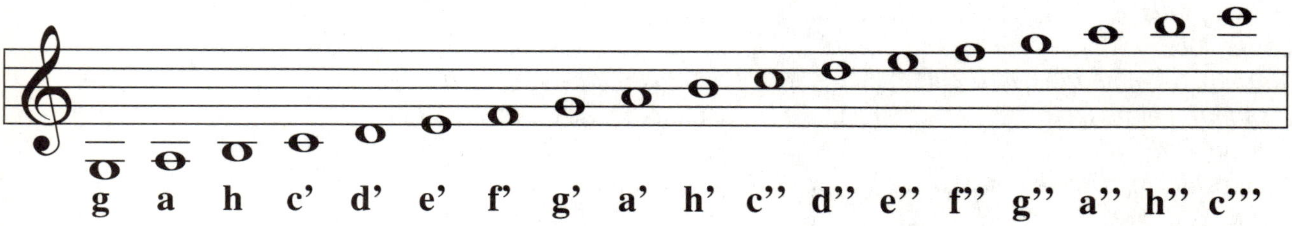

Unsere Keyboardnoten werden wir immer wie oben im sogenannten ***Violinschlüssel*** *notieren, der am Anfang einer Zeile steht.*

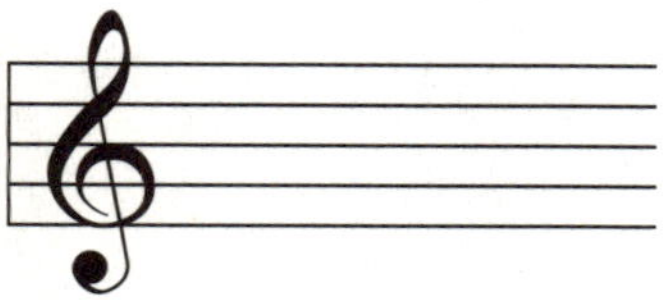

2. NOTENWERTE

Sie beschreiben die genaue Dauer eines Tones und werden, abhängig vom Tempo, in Schlägen oder Beats gemessen.

Ganze Note	*4 Schläge*
Halbe Note	*2 Schläge*
Viertelnote	*1 Schlag*
Achtelnote	*1/2 Schlagzeit (d.h. auf einen Schlag kommen zwei Achtelnoten)*
Sechzehntel-note	*1/4 Schlagzeit (d.h. auf einen Schlag kommen vier Sechzehntelnoten)*

Jede dieser Noten kann um die Hälfte ihres Wertes verlängert werden, wenn man ihr einen Punkt anhängt.

Dreiviertelnote *3 Schläge*

Dreiachtelnote *1 1/2 Schläge*
(auch punktierte Viertelnote genannt).

3.TAKTARTEN

Da wir innerhalb eines Songs nicht bis zum Beispiel 2078 zählen wollen, fassen wir eine bestimmte Anzahl von Schlägen (Beats) zusammen und wiederholen sie.
Die Taktart kannst Du immer am Anfang eines Liedes rechts vom Violinschlüssel ablesen.

Es gibt den ***Viervierteltakt:***

Eine alte Schreibweise ist :

Das heißt: In jedem Takt existieren getrennt von Taktstrichen maximal 4 Viertelschläge, deren Notenwerte aber auch gemischt werden können.

Beispiel 1: 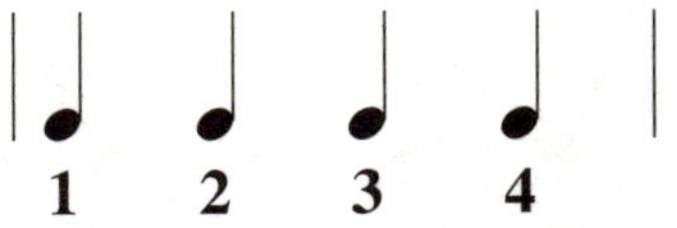

Beispiel 2: 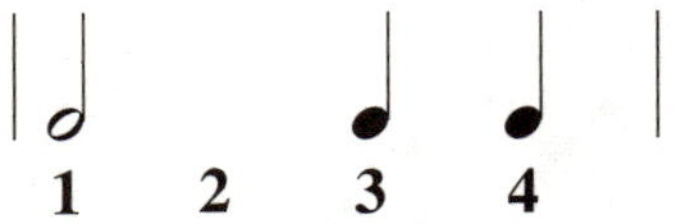

Beispiel 3: 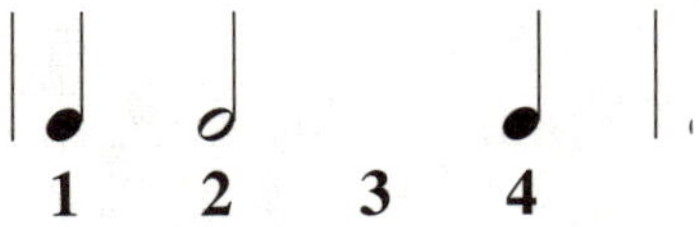

Beispiel 4: 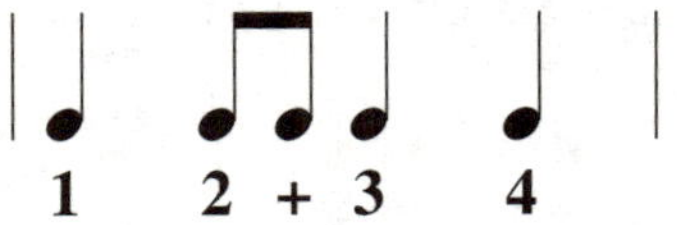

Die mit **(+)** *gekennzeichneten Achtelnoten werden mit "***und***"gezählt.*
Die meisten Rhythmen Deines Keyboards sind 4/4 Takte. Der typischste ist die Polka.
Starte Dein Keyboard und zähle mit!

Der Dreivierteltakt 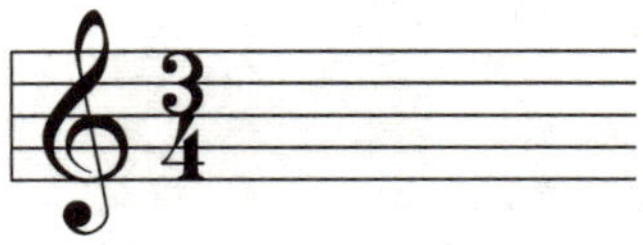 *oder auch Walzer genannt,*

hat zwischen den Taktstrichen natürlich nur 3 Zählzeiten.

Beispiel 1: 

Beispiel 2: 

Beispiel 3: 

Probiere auch den Walzer - Rhythmus an Deinem Keyboard aus. Du wirst feststellen, daß der Anfang eines Taktes, die Zählzeit 1, lauter ist als die verbleibenden 2 und 3.

Der Sechsachteltakt 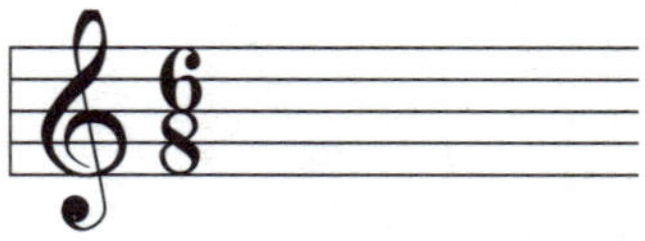

ist eine erweiterte Form des 3/4 Taktes, nämlich zweimal 3/8Takte in Folge.

Wir zählen : 1 2 3 4 5 6

Die Zählzeit 1 wird dabei besonders betont, ebenfalls die Zählzeit 4, die aber leiser als die 1 ist.
Der 6/8 Takt an Deinem Keyboard nennt sich meist **SLOW ROCK** *oder* **ROCK-BALLAD ,** *was aber auch gegebenenfalls und verwirrenderweise ein 4/4 Takt sein kann.*

Das wichtigste bei der Arbeit mit der Begleitautomatik ist, daß Du zuerst das Tempo auf langsam stellst, den Rhythmus erfaßt und gleichmäßig laut mitzählst.
So wirst Du am schnellsten ein wohlklingendes Zusammenspiel mit Deiner "Begleitband" erreichen.
Mit den drei Taktarten 4/4, 3/4 und 6/8 kannst Du nun alle Songs in diesem Songbuch üben und spielen.

Der **AUFTAKT** *ist eine Sonderform des Taktes, den Du öfter am Anfang eines Liedes vorfindest. Er ist ein unvollständiger Takt, den Du mit den restlichen verbleibenden Zählzeiten zu zählen beginnst. Auftakt und Schlußtakt des Liedes ergeben zusammen wieder einen vollständigen Takt, d.h., in einem 4/4 Takt findest Du bei einem Auftakt mit einer Viertelnote den Schlußtakt mit einer 3/4 Zählzeit (1/4 + 3/4 = 4/4).*

Auftaktbeispiele:

Beispiel 1: 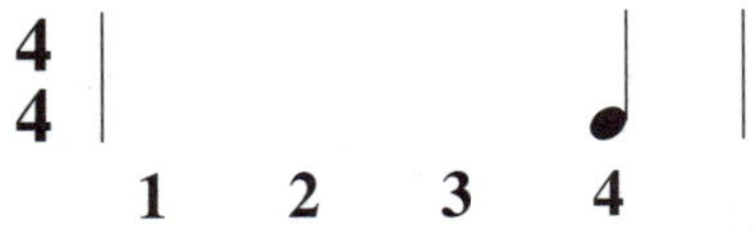

Beispiel 2: 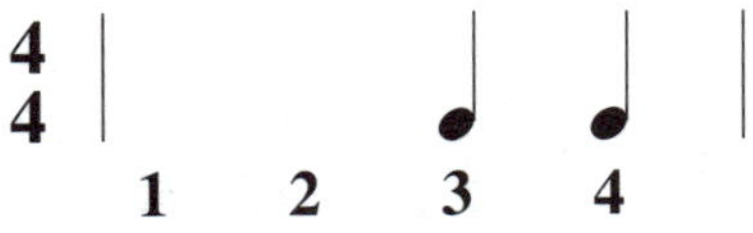

Beispiel 3: 

Bei einem Auftakt startest Du Dein Gerät mit Syncrostart erst auf die "1" des dem Auftakt folgenden vollständigen Taktes.

4. DIE HARMONIEN

Mit Deiner linken Hand gibst Du auf der besonders gekennzeichneten linken Seite Deines Keyboardes Deiner Begleitautomatik die Informationen ein, die sie benötigt, um die richtigen Akkorde (gleichzeitiger Zusammenklang mehrerer Töne) zu Deiner mit der rechten Hand gespielten Melodie zu erzeugen.
*Da es sich hier um eine Sammlung der harmonisch einfachsten Lieder handelt, wollen wir hier auf eine umfassende Harmonielehre verzichten. An jedem Keyboard gibt es nun die Möglichkeit, für die linke Hand zwei Betriebsarten auszuwählen, zum ersten **"fingered",** das bedeutet, Du mußt den Akkord (z. B.: C-Dur; die Töne sind c e g) gleichzeitig greifen.*
*Zum zweiten kannst Du "**onefinger**" oder auch **Einfingerautomatik** wählen. Diese erlaubt Dir, mit dem Drücken nur einen Tones den vollen Akkord zu hören.*
Das erleichtert dem Anfänger das Spielen der linken Hand sehr, kann er sich doch voll auf das Rechte-Handspiel konzentrieren.

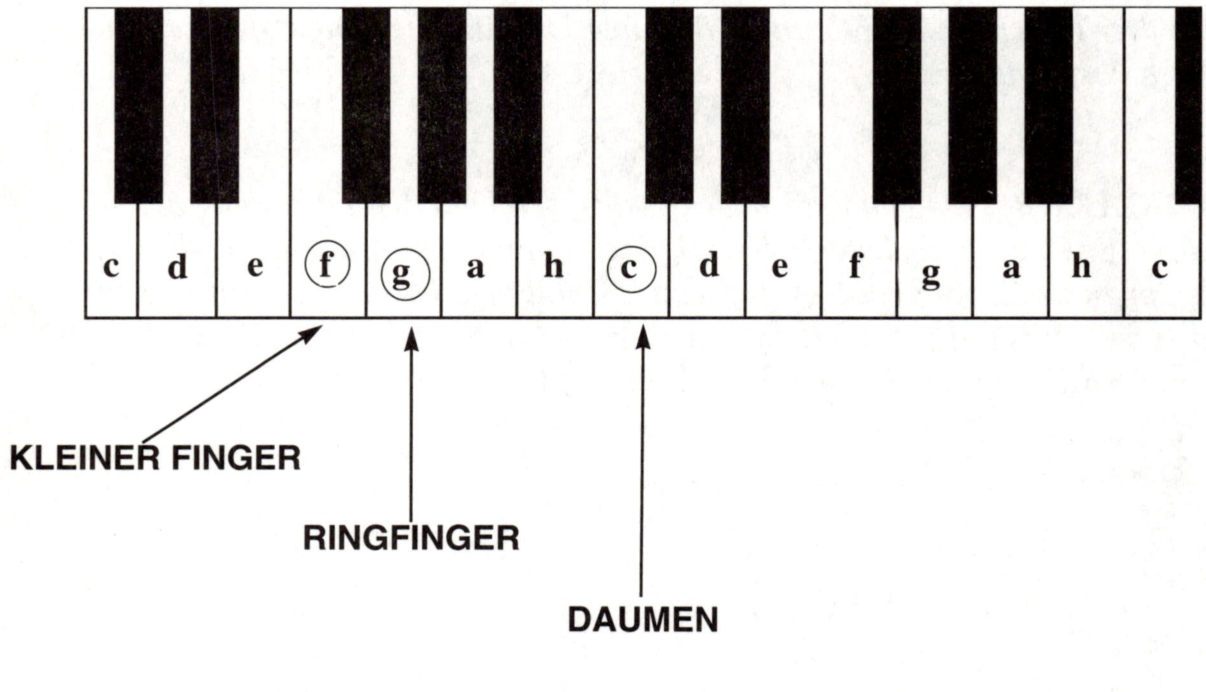

Linke Hand

Einfingerautomatik
Akkorde
F-Dur
G-Dur
C-Dur

Lege Deine linke Hand , wie in der Zeichnung zu sehen, mit dem Daumen auf das c. Die Finger berühren leicht gekrümmt jeweils eine Taste. Steht nun über der Melodie eines Liedes ein C, so drücke am Anfang des Taktes den Daumen auf die c - Taste. Deine Begleitautomatik spielt nun den vorher von Dir gewählten Rhythmus in C-Dur. Drückst Du mit dem kleinen Finger die f-Taste, spielt die Begleitband alles in F-Dur. Der Ringfinger auf dem Ton g bewirkt das gleiche in G-Dur.
Wichtig beim Akkord - oder Fingerwechsel ist, daß Du vor dem Drücken einer neuen Taste die alte, gerade gedrückte Taste, losläßt. Ansonsten bekommt der Rhythmus-computer andere Informationen, und es klingt falsch.

Wir wollen nun einmal eine einfache Melodie zusammen einstudieren:

Hänsel und Gretel

Wir üben zuerst die rechte Hand mit dem hier angegebenen Fingersatz, der Dir genau sagt, mit welchem Finger Du welchen Ton spielen mußt. Darunter sind Zählzeiten und Notennamen notiert.
Die großen Buchstaben über dem Notensystem sagen Dir, wann und welchen Ton (bzw. Akkord) Du mit der linken Hand drücken mußt.
Wähle jetzt zum Spielen am besten eine langsame Polka oder einen Marsch.
Um die Finger der rechten Hand den richtigen Tasten zuordnen zu können, hat man zur Erleichterung die Finger durchnummeriert.

1 Daumen

2 Zeigefinger

3 Mittelfinger

4 Ringfinger

5 Kleiner Finger

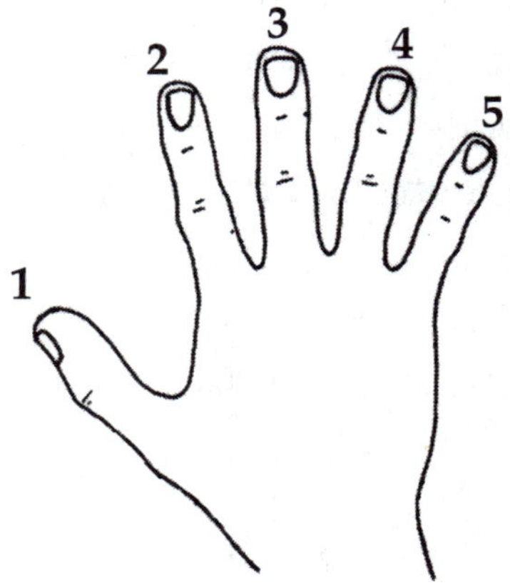

Diese Fingersatzangaben bei den Noten ermöglichen Dir ein sicheres und rasches Erlernen.

Es folgen weitere wichtige Musikzeichen, die Du für das Spielen in diesem Buch benötigst.

5. DIE PAUSEN

Anstelle eines Tones in einem Lied kann auch eine Pause stehen. An dieser Stelle darf nichts gespielt werden. Die unterschiedlichen Pausenzeichen erklären ihre Dauer:

Die ganze Pause bedeutet einen ganzen Takt Pause:

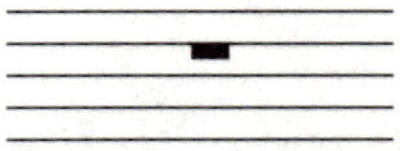

Die halbe Pause bedeutet einen halben Takt Pause:

Die Viertelpause bedeutet Pause in der Länge einer Viertelnote:

Die Achtelpause bedeutet Pause in der Länge einer Achtelnote:

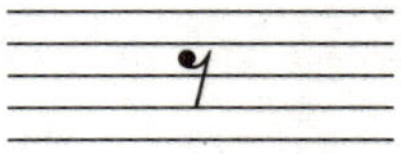

Die Sechzehntelpause bedeutet Pause in der Länge einer Sechzehntelnote:

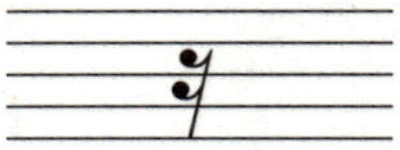

Wie die Noten könne auch die Pausen mit einem Punkt um die Hälfte ihres Wertes verlängert werden.

6. DIE VERSETZUNGSZEICHEN

*Jeder Ton kann mit Hilfe eines ♯ um einen halben Ton erhöht, mit Hilfe eines ♭ um einen halben Ton erniedrigt werden. Erhöhst Du z.B. den Ton g mit einem Kreuz zu gis, dann schlägst Du die schwarze Taste rechts vom g an. Erniedrigst Du z.B. den Ton e mit einem ♭ zu es, schlägst Du die schwarze Taste links von e aus an. Eine sprachliche Ausnahme ist der **Ton h.** Er wird nicht, wie zu erwarten wäre, zu einem hes, sondern zu **b.***

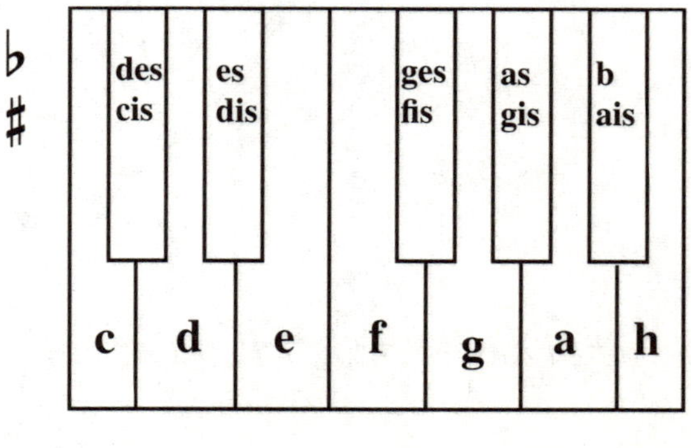

7. DER HALTEBOGEN

Werden zwei gleiche Töne durch einen Haltebogen verbunden, so wird der 2. Ton (der Gebundene) mit dazugezählt, aber nicht angeschlagen. Der erste Ton wird also um den Wert des zweiten Tones verlängert.

Beispiel 1:  *Halte den Ton drei Schläge lang.*

Beispiel 2: 

8. DIE WIEDERHOLUNGSZEICHEN

= von vorne wiederholen

= ab dem angegebenen Wiederholungszeichen wiederholen

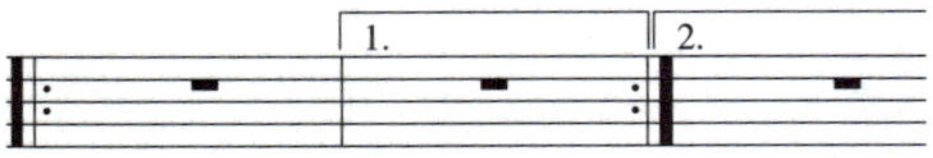

Beim 1. Mal **Beim 2. Mal**

= wiederhole beim 2. Mal von vorn, laß den Takt unter 1. *weg und spiele bei* 2. *weiter.*

DC = Da Capo *= wiederhole von vorn*

DC al fine *= wiederhole von vorn bis zu dem Wort Fine*

al 𝄌 – 𝄌 *= wir springen von dem meistens in der Mitte eines Stückes stehenden 𝄌 Zeichen zu dem meist am Ende eines Stückes stehenden 𝄌 Zeichen und spielen dort weiter*

D.S. § oder 𝄋 *= wiederhole von diesem Zeichen (Dal Segno Zeichen) an*

8. TIPS ZUM SPIELEN

Die bei den Titeln angegebenen Rhythmus- und Tempoangaben (z.B. Marsch 120) sind Idealgeschwindigkeiten und können zum Einstudieren auch mit wesentlich geringerem Tempo geübt werden.

Bei jedem Song steht ein Sound- und Rhythmuskreuz.

Zum Beispiel:

01	H1
46	120

Es bedeutet:

Links oben ist die Klangfarbe der rechten Hand schon im "GS Standard Modus" notiert.
Die Zahl rechts unten ist die Geschwindigkeit.
Die Zahlen links unten und rechts oben beziehen sich auf ein Yamaha Keyboard **PSR 510.**
Rechts oben steht die Auto Harmony Funktion, links unten die Style-Nummer.

*Wenn Du schon ein fortgeschrittener Keyboarder bist, kannst Du die Akkorde der linken Hand im "**Fingered Mode**" mit mehreren Fingern gleichzeitig greifen. Die folgenden Graphiken zeigen Dir die Zuordnung der Akkorde zu den jeweiligen Tasten und Fingern der linken Hand:*

C - Dur

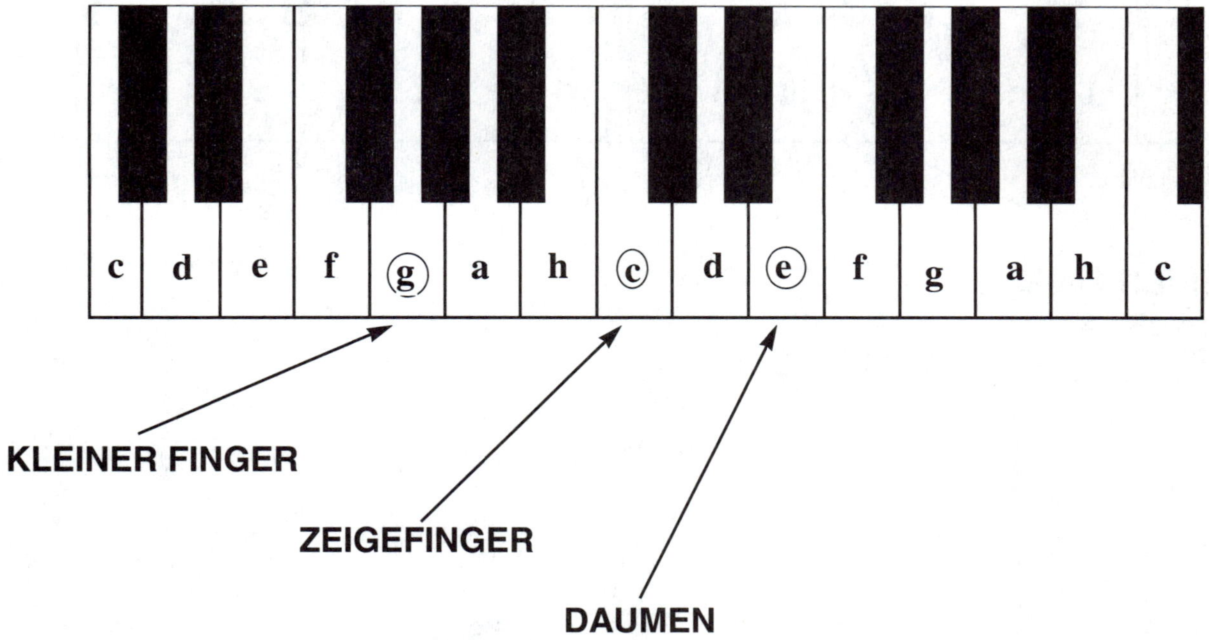

F - Dur

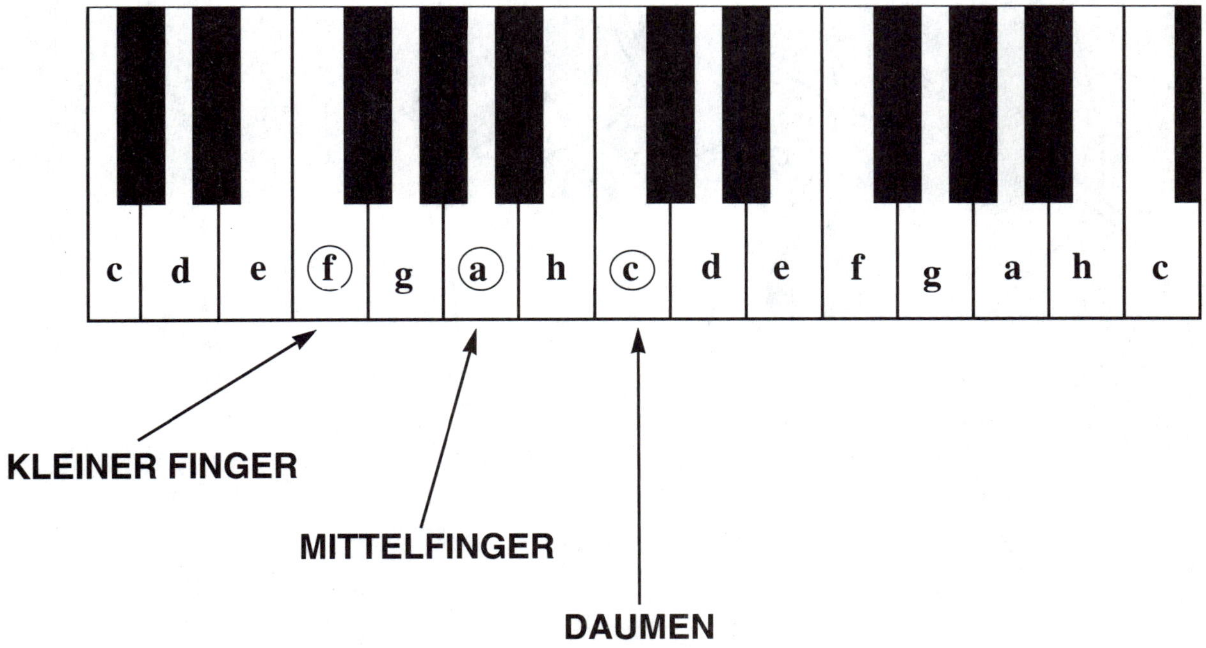

G - Dur

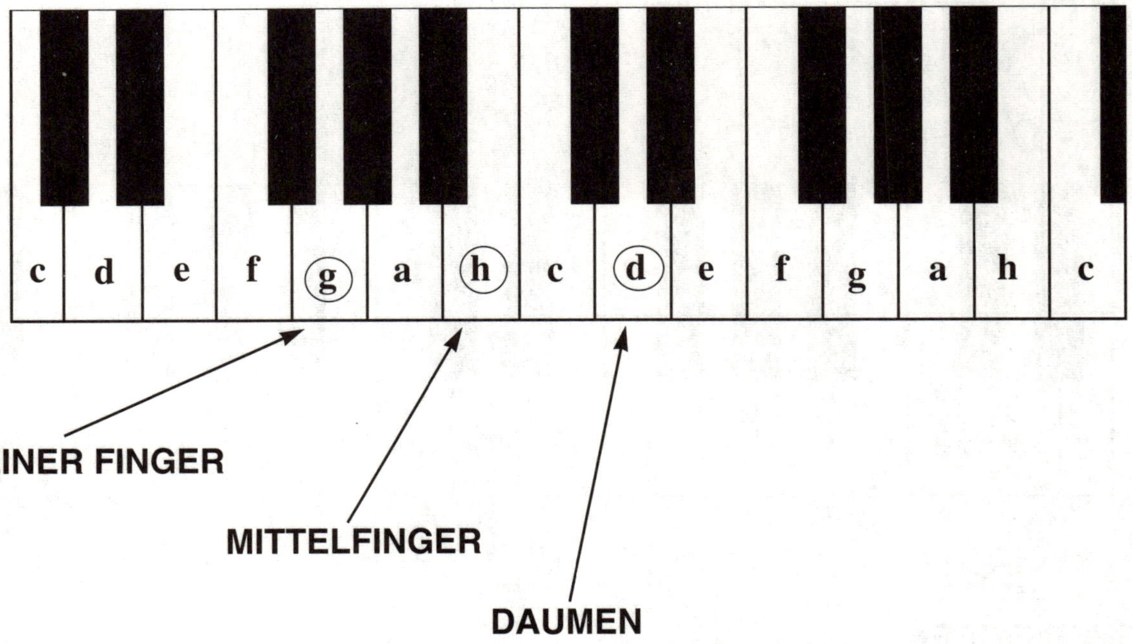

Kinderlieder

Alle meine Entchen

Volkstümlich

01	*H0*
26	*120*

Polka ♩ *= 120*

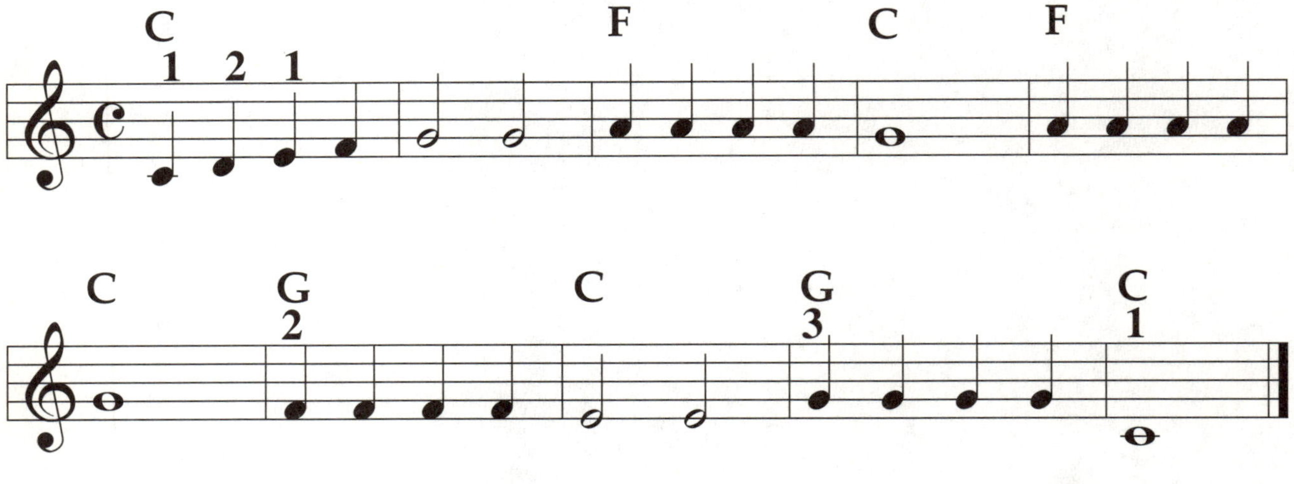

Summ, summ, summ

Aus Böhmen

86	*H0*
26	*120*

Polka ♩ *= 120*

Hänsel und Gretel

Mündlich überliefert

01	H0
26	120

Polka ♩ = 120

Hänschen klein

Volksweise

01	*H0*
26	*120*

Polka ♩ = 120

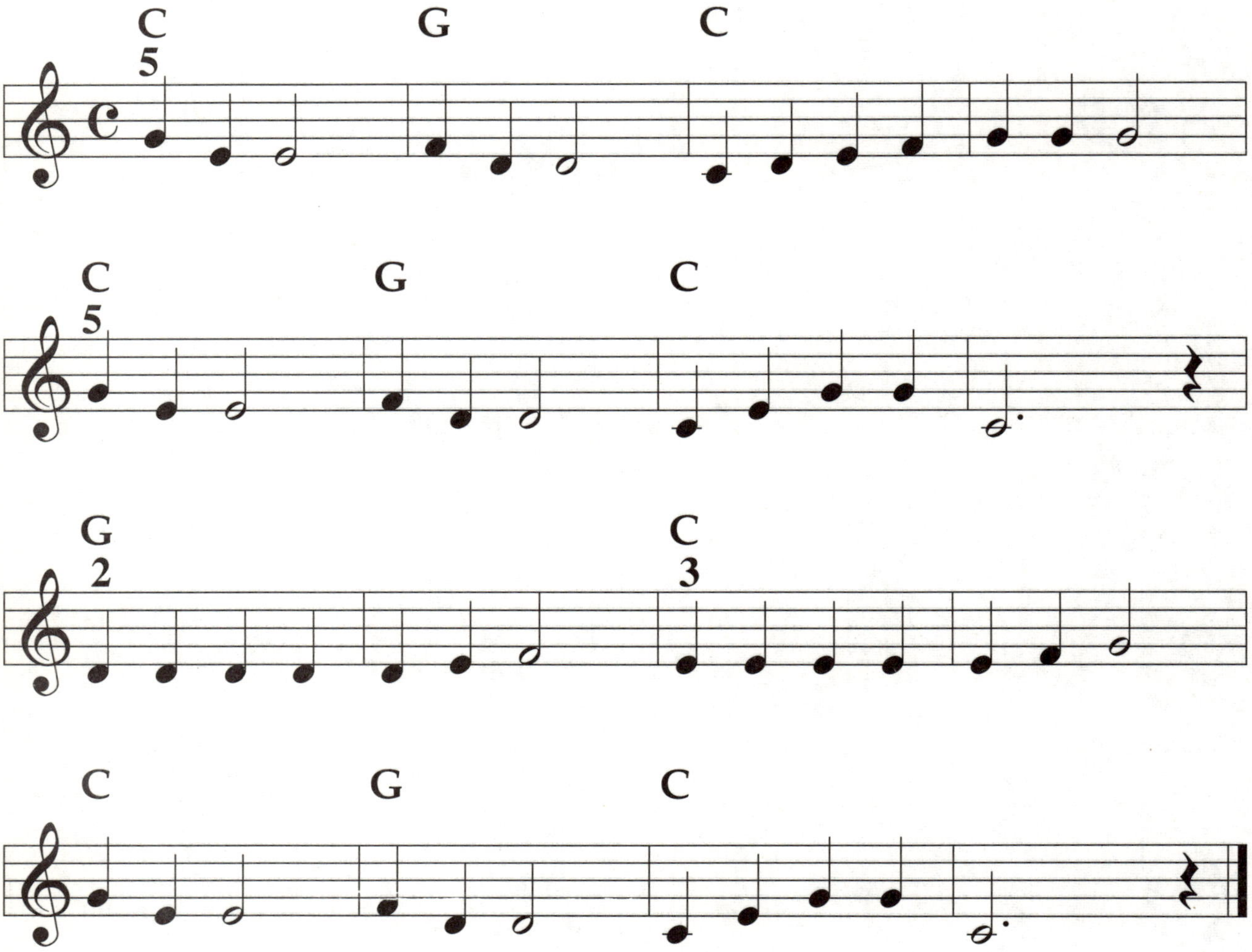

Dornröschen

Altes Kindergartenspiel

01	H1
80	110

Polka ♩ = 110

Drei Chinesen mit dem Kontrabaß

Volkstümlich

28	*H0*
26	*116*

Polka ♩ *= 116*

Laterne, Laterne

Volkstümliches Martinslied

22 | HS
04 | 120

Polka ♩ = 120

Brüderchen, komm tanz mit mir

Thüringer Volkstanz

01 | H1
92 | 120

Swing ♩ = 120

Auf der Mauer, auf der Lauer

Kinderlied

22	H1
80	120

Polka ♩ = 120

Schlaf, Kindlein, schlaf

Volksweise

57	H1
92	110

Slowfox ♩ = 110

Grün sind alle meine Kleider

aus Brandenburg

22 | H1
80 | 120

Polka ♩ *= 120*

Bruder Jakob

Kanon aus Frankreich

17	H0
92	112

Foxtrott/8 Beat ♩ = 112

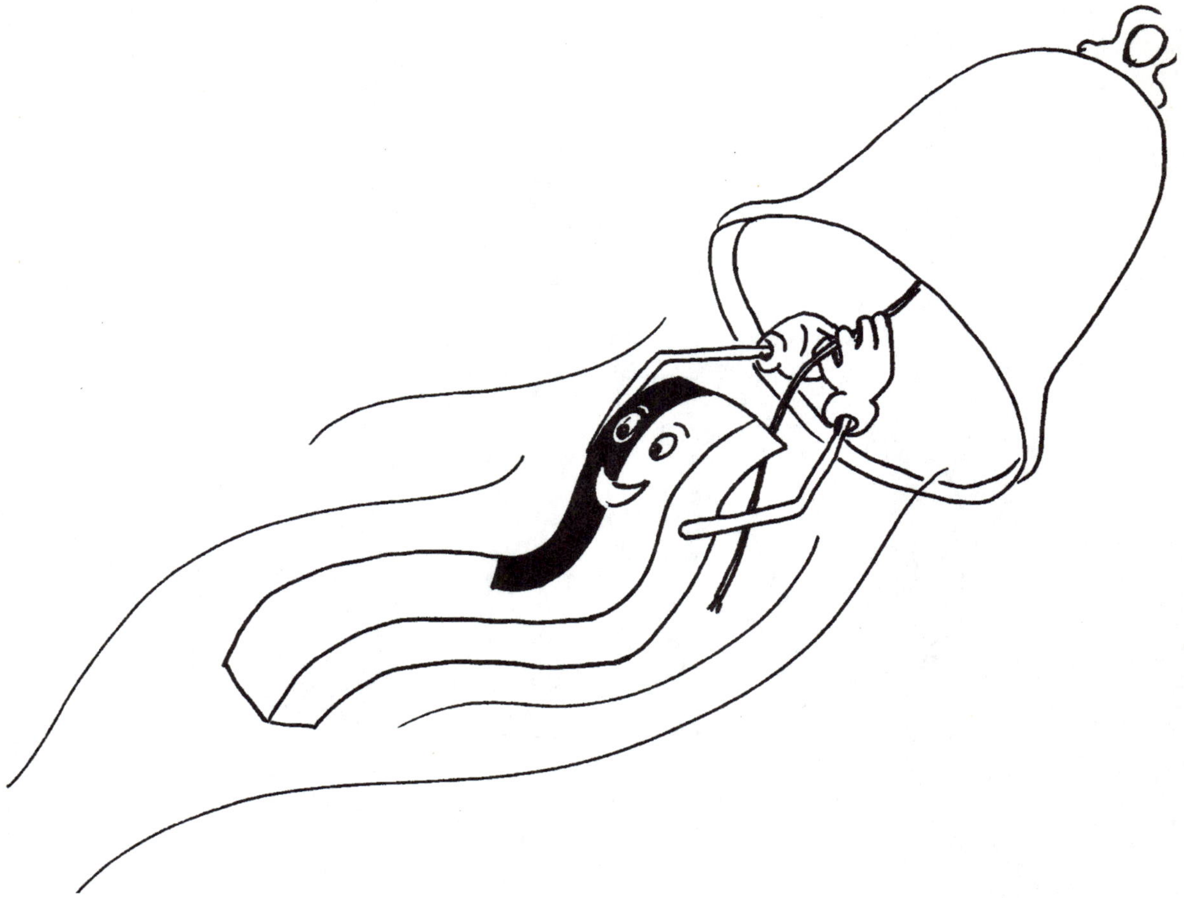

Happy Birthday

Englisches Volkslied

57	H1
81	110

Walzer ♩ = *110*

Der Butzemann

Volkstümlich

57	H1
80	110

Polka ♩ = *110*

Die Wissenschaft hat festgestellt

E. Kirsch

55	H6
26	100

Polka ♩ = 100

Traditionals aus aller Welt

This land is your land

Woody Guthrie

28	H0
46	110

Rock ♩ = 110

Oh, Susanna

Stephen C. Foster (1846)

64	*H1*
49	*180*

Dixie Swing ♩ = *180*

John Brown's body

Lied aus dem amerik. Bürgerkrieg

28	*H0*
73	*120*

Country ♩ = *120*

Amazing Grace

Traditional

28	H0
73	120

Country ♩ = 120

Mary Anne

Traditional

17	H0
45	165

Rock'n Roll ♩ = 165

Take this hammer

Traditional

58	H0
49	120

Dixieland / Swing ♩ = 120

Schneewalzer

Thomas Koschat (1845-1914)

22	*H1*
81	*140*

Walzer ♩ = *140*

C
1 2 4
F
G
1 2 3

My Bonnie

Aus Schottland

22	*H1*
93	*165*

Walzer ♩ = 165

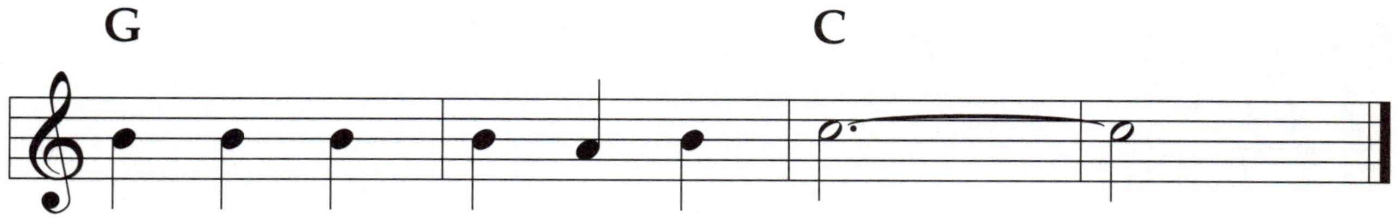

For he's a jolly good fellow

Traditional

63	H4
91	120

Walzer ♩ = 120

Down by the riverside

Spiritual

57	H1
49	110

Dixie Swing ♩ = 110

Sur le pont d'Avignon

Aus Frankreich

22	H1
80	100

Polka ♩ = 100

Santa Lucia

Aus Neapel

50	H1
93	100

Walzer ♩ = 100

Yankee Doodle

Traditional

28	H3
73	136

Country Polka ♩ = 136

Guantanamera

Kubanisches Volkslied

95	*H1*
64	*90*

Bossa Nova ♩ = 90

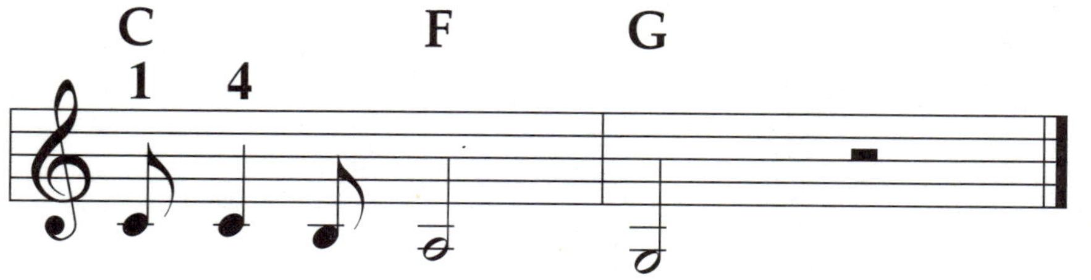

Careless love

Traditional

01	H1
04	110

Folkrock/8 Beat ♩ *= 110*

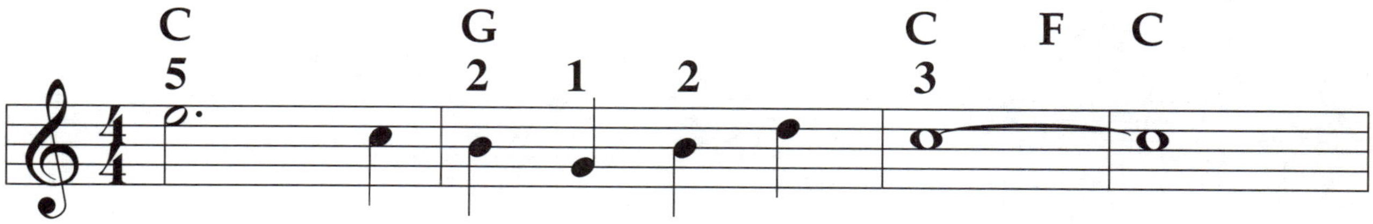

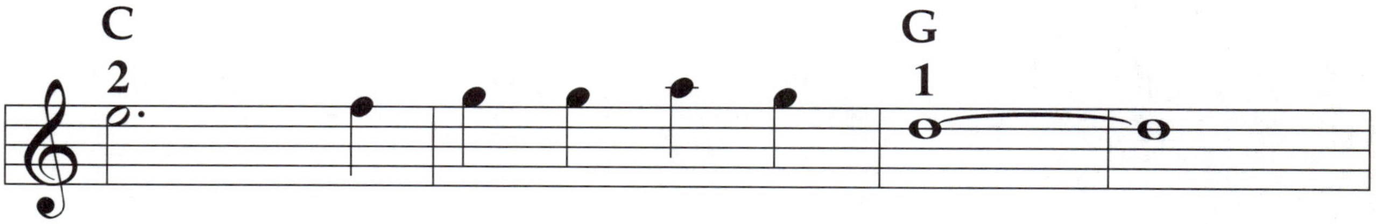

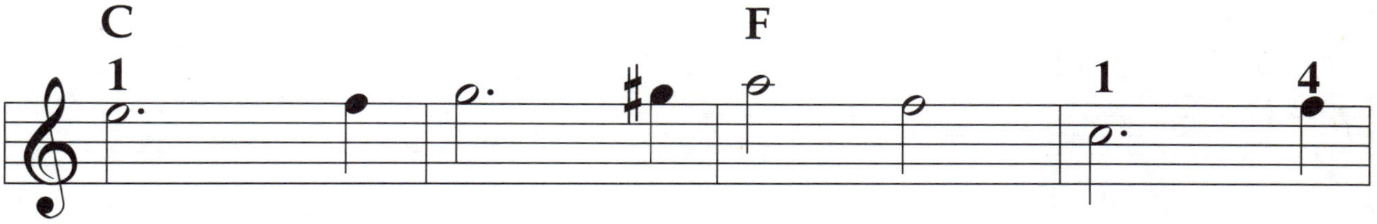

Cotton fields

Huddie Ledbetter

26	*H1*
04	90

Folkrock ♩ = 90

C
5 2 1 2
G
C
2 3
F C
2 1 4 2 1 2
G C
1 2

Aloa He

Traditional

28	*H1*
61	*90*

Beguine Rumba ♩ = *90*

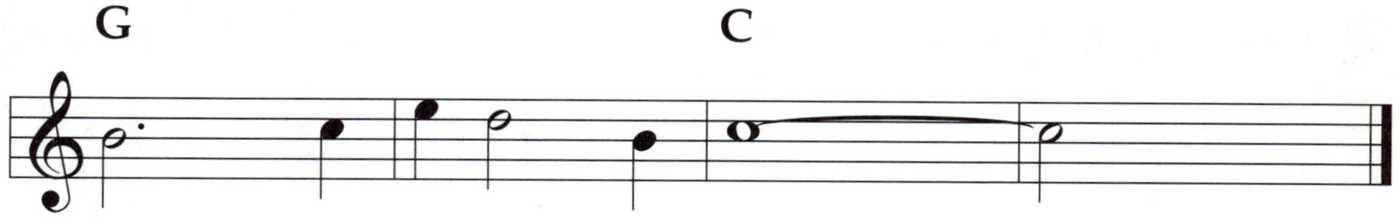

Nehmt Abschied, Brüder

Melodie: engl. Volksweise

01	H1
04	110

8 Beat Rock ♩ *= 110*

Rolling home

trad. Shanty

22	*H1*
81	*90*

♩ = *90*

Matilda

trad. aus Trinidad

115 | H1
70 | 90

Calypso ♩ = 90

La cucaracha

trad. aus Mexiko

57 | H1
84 | 90

Samba ♩ = 90

Jingle bells

Traditional

12	*H0*
26	*120*

Polka ♩ *= 120*

Jamaica farewell

Irving Burgie

115 | H1
61 | 90

Beguine / Rumba ♩ = 90

Island in the sun

Irving Burgie

115	H1
61	90

Rumba ♩ = 90

Banana Boat Song

trad. aus Jamaika

25	*H0*
61	*90*

Beguine Rumba ♩ = 90

Deutschsprachige Volkslieder

Horch, was kommt von draußen rein

Volksweise

22	H0
80	106

Discofox ♩ = 106

Auf de schwäb'sche Eisenbahne

trad. aus Schwaben

72	H1
80	110

Marsch Polka ♩ = *110*

Du, du liegst mir im Herzen

aus Norddeutschland

52 | H1
89 | 85

Walzer ♩ = 85

Winde wehn, Schiffe gehn

Finnisches Volkslied

22	H1
80	110

Polka ♩ = 110

Wenn ich ein Vöglein wär

J.F. Reichardt (1800)

22	*H1*
93	*90*

Walzer ♩ = *90*

Der Winter ist vergangen

J. F. Tysius (1600)

57	01
04	106

Discofox ♩ = 106

Von den blauen Bergen kommen wir

Melodie aus USA

28	*H3*
73	*136*

Country Polka ♩ = *136*

C
F
2
C
G
C
FINE
D.S. al Fine

De Hamburger Veermaster

Shanty

22	H1
80	116

Polka ♩ = 116

Wir lieben die Stürme

Shanty

22 | H1
86 | 110

Marsch ♩ = *110*

Die Gedanken sind frei

aus der Schweiz

22	H1
93	106

Walzer ♩ = *106*

Schön ist die Welt

aus Hessen

22	*H1*
86	*110*

Marsch ♩ = *110*

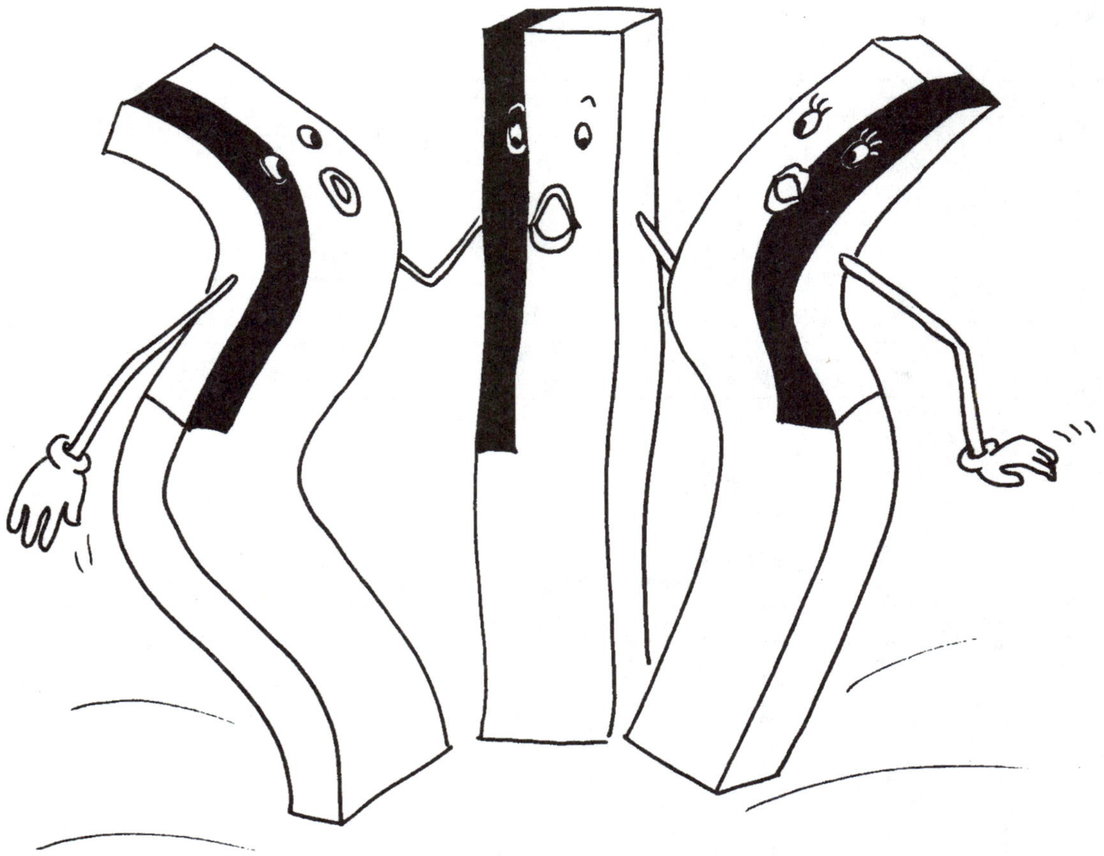

Muß i denn zum Städtele hinaus

aus Schwaben

28	*H0*
43	*110*

Rock'n Roll ♩ = *110*

Kein schöner Land

Melodie: 19. Jahrhundert

22	*H1*
93	*80*

Walzer ♩ = 80

Im Frühtau zu Berge

Melodie aus Schweden

103	H0
16	112

Disco Fox/Marsch Polka ♩ = *112*

Abendstille überall

Otto Laub 1805-1887)

51	H0
93	120

Walzer ♩ = 120

Gospels und Spirituals

Kum Ba Ya, my Lord

Spiritual

17	H0
29	128

Swing / Gospel ♩ = 128

When the saints go marching in

Spiritual

01 | H1
29 | 116

Gospel, Swing ♩ = *116*

Michael row the boat ashore

Spiritual

66	H0
43	116

Swing / Shuffle / Boogie ♩ = *116*

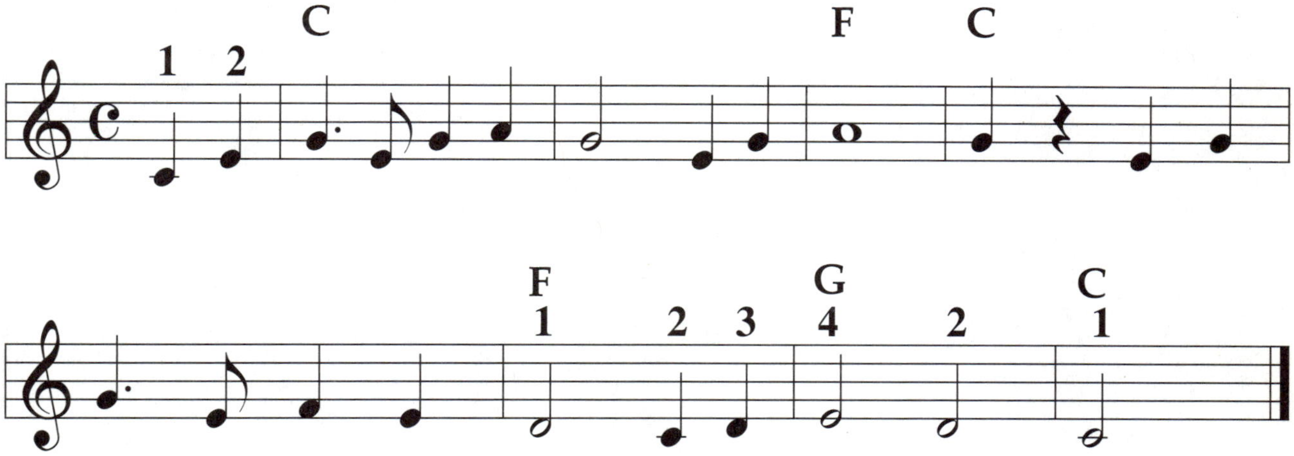

Mary's boy child

Spiritual

52	H1
61	80

Rumba ♩ = 80

Rock my soul

Traditional

57	H1
49	110

♩ = 110

Rivers of Babylon

Farian/Reyam/Dowe/McNaughton

57	H1
26	120

Disco Polka ♩ = 120

F
C
1
2
G
C
1
2
G
C

Go, tell it on the mountains

Spiritual

12	H5
43	110

Rock Shuffle ♩ = 110

Can the circle be unbroken

Gospel

55	H1
33	116

8 Beat ♩ = *116*

He's got the whole world

Spiritual

11 | H7
43 | 110

Rock'n Roll ♩ = 110

Nobody knows the trouble I've seen

Spiritual

17	*H1*
39	*80*

Rock Shuffle ♩ = 80

Oldies, Hits und Evergreens

Memphis Tennessee

Chuck Berry

28	H0
43	160

Rock'n Roll ♩ = 160

Old folks at home

26	H0
26	100

Polka Pop ♩ = 100

F C G
4 2 1 3 2
C F C
3 5 3 5 3 2 1
G C

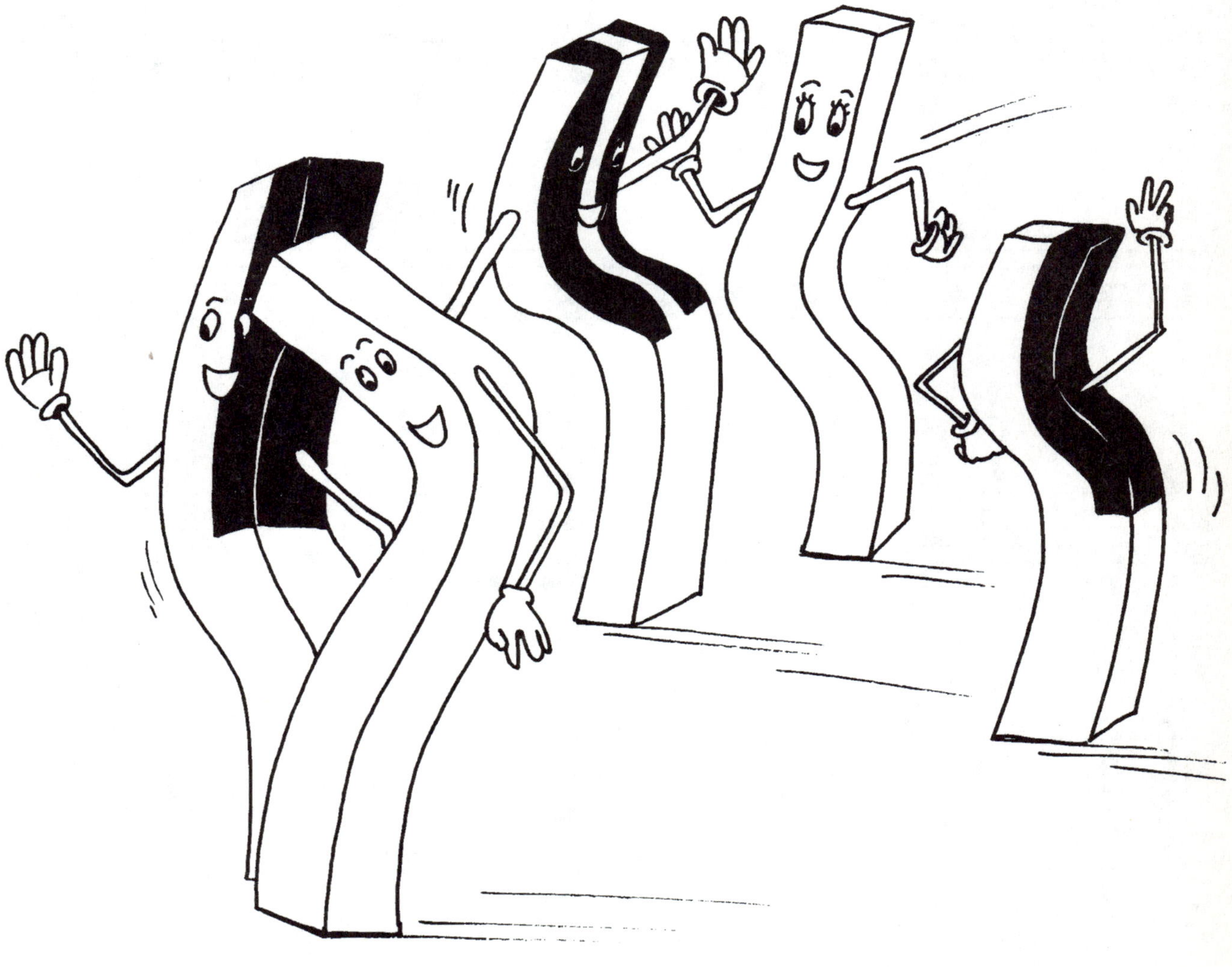

Rote Lippen soll man küssen

J. Leiber/M. Stoller

28	*H0*
43	*160*

Rock'n Roll / Boogie ♩ *= 160*

F
G
C

Herzilein

C. & B. Luedtke

57 | H1
81 | 170

Walzer ♩ = 170

C 5 3 1 3
3 4 3 1 3
G 3 2 4 1 3 F 5
C 2 4 2
4 5 4 2 4
G 1
F 5 G C 2

Der Ententanz

Thomas Werner

95	H1
80	90

Polka ♩ = 90

G
C
G
C
D.S. al Fine

Da sprach der alte Häuptling

Musik: W. Scharfenberger

28 | H0
73 | 120

Country Fox ♩ = 120

G
2
C
G
C

Itsi Bitsi Teenie Weenie

Vance/Pockriss

01	H1
02	120

Rock 8 Beat ♩ = 120

Marmor, Stein und Eisen bricht

D. Deutscher/C.Bruhn

01	*H1*
26	*116*

Disco ♩ = *116*

Schuld war nur der Bossa Nova

C. Weil/B. Mann

01	*H3*
65	*160*

Bossa Nova ♩ = *160*

G
C
5
F
3 5 3 2 1 3
C
5 2 1 2
4
G
1 5
C

Rock around the clock

M.C. Freedman/J. de Knight

01	H1
43	160

Rock Shuffle ♩ = 160

C
1.
2.
C
4
C
F
C
G
C
5
D.S. al
Coda G
C
F
G
C
5
2
1

Glory Land

Lonnie Donegan

57 | H1
49 | 180

Swing / Dixieland ♩ = *180*

F
C
G
C
1.
Da Capo al Fine

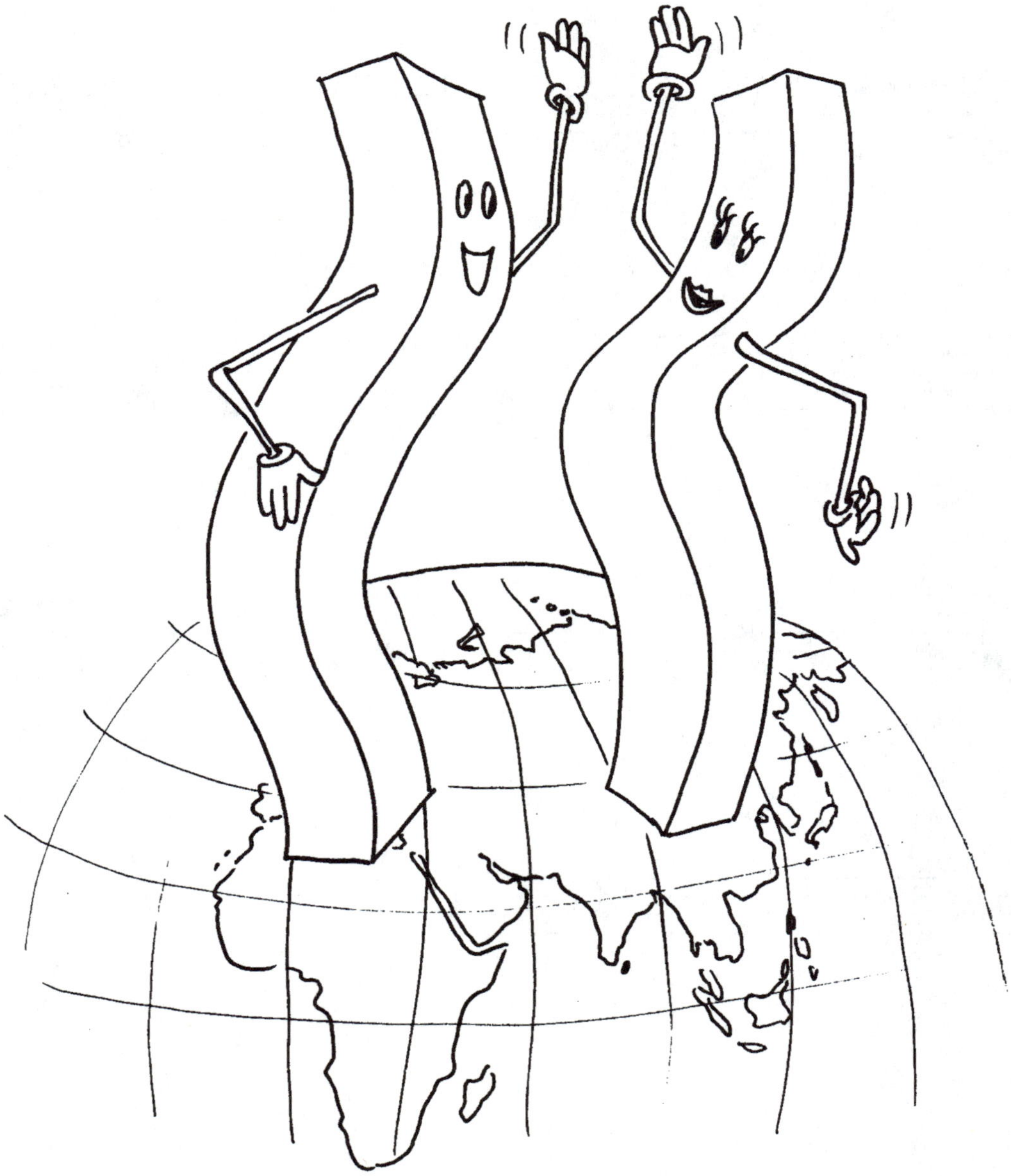

Tiritomba

Italienisches Volkslied aus Neapel

57	*H1*
26	*120*

Disco Polka ♩ = 120

Weiße Rosen aus Athen

Manos Hadjidakis

64	*H1*
61	*72*

Rumba ♩ = 72

Paloma blanca

Hans Bouwens

22 | H1
26 | 116

Disco Polka ♩ = 116

Plaisir d'amour

Franz. Volkslied

52 | H1
93 | 150

Walzer ♩ = *150*

Bye, bye love

Musik: Felice und Boudleaux Bryant

17	H1
45	165

Twist / Rock'n Roll ♩ = *165*

C F C
4 5 4 3 2
F C F G
5 2 1 2
C C G C
1. 2.

Oh my darling, Clementine

trad. aus Kalifornien

23	*H0*
77	*90*

Walzer ♩ = *90*

John B. sails

trad. Shanty

88	H4
26	80

Disco ♩ = 80

La Bamba

Jose Martinez/Mexikanischer Liedtanz

01	*H1*
98	*150*

Latin ♩ = *150*

G C F G
4 5 3 2 1
C F G C F
4 2 3 1 5 3
G C F G
C F C
3 1 3

The Wild Rover

Traditional aus Irland

22	H1
81	150

Walzer ♩ = 150

F C
F C G C

Yellow rose of Texas

Traditional aus Amerika

28	H1
75	165

Country ♩ = 165

Banks of the Ohio

Traditional aus Amerika

01 | H1
52 | 150

Walzer ♩ = 150

It's a long way to Tipperary

Traditional aus Irland

01 | H0
08 | 120

Country Swing ♩ = 120

Tom Dooley

Traditional aus Amerika

23	*H0*
78	*120*

Swing ♩ = *120*

Top of the world

Carpenter/Bettis

04 | H1
49 | 150

Ragtime / Swing ♩ = 150

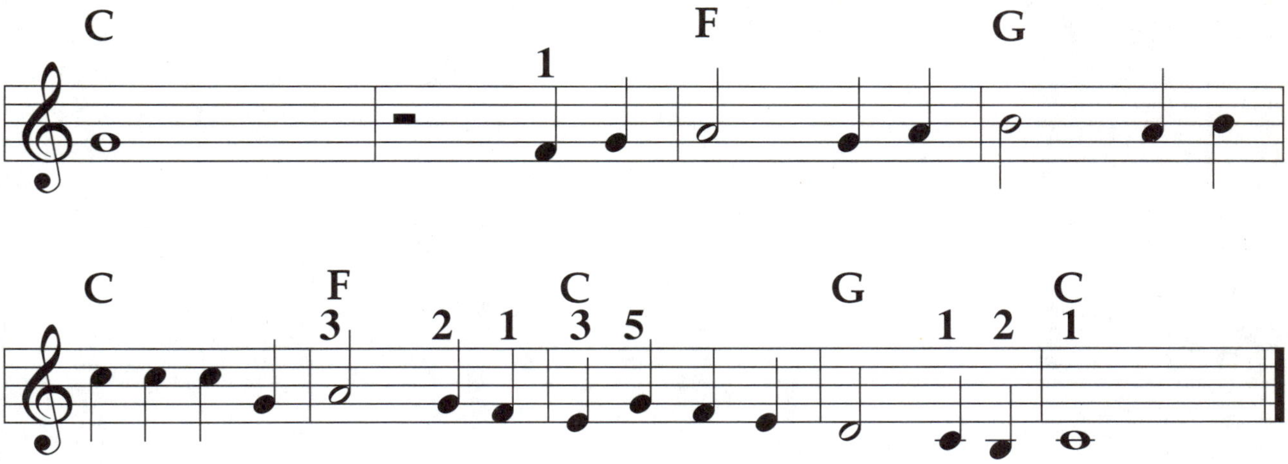

Release me

Miller/Harris/Young

01 | H1
52 | 80

Swing ♩ = *80*

Patricia

Perez Prado

17 | H0
61 | 120

Rumba ♩ = 120

G
C
G
C
G
C
G
Coda
Dal Segno al Coda

Sweet and gentle

Otilio Portal Monterrey

52	*H0*
98	*110*

♩ = *110*

Red River Valley

Traditional aus Amerika

17	H0
38	150

Rock'n Roll / Rock Pop ♩ = 150

Jambalaya

Hank Williams

01	H4
44	160

Boogie ♩ = 160

G
C
C

Schöne Maid

Jack White

01	H1
26	116

Disco ♩ = 116

C
1 5
Fine
KLATSCHEN
C C
2 1
5 5
G C
4 1 3 1 2 1
F C
2 4
G C
3
Da capo al Fine

Ein Schiff wird kommen

Manos Hadjidakis

17	H0
61	100

Rumba ♩ = 100

G
3
F G C
2 3 2 1
G C G
1
F C

Mockin' bird hill

Vaughn Horton

01	*H1*
77	*100*

Walzer ♩ = *100*

G C F
C G
C F C

Aura Lee

trad. Folksong

49 | H0
14 | 70

Slow Rock/Rock Ballad ♩ = 70

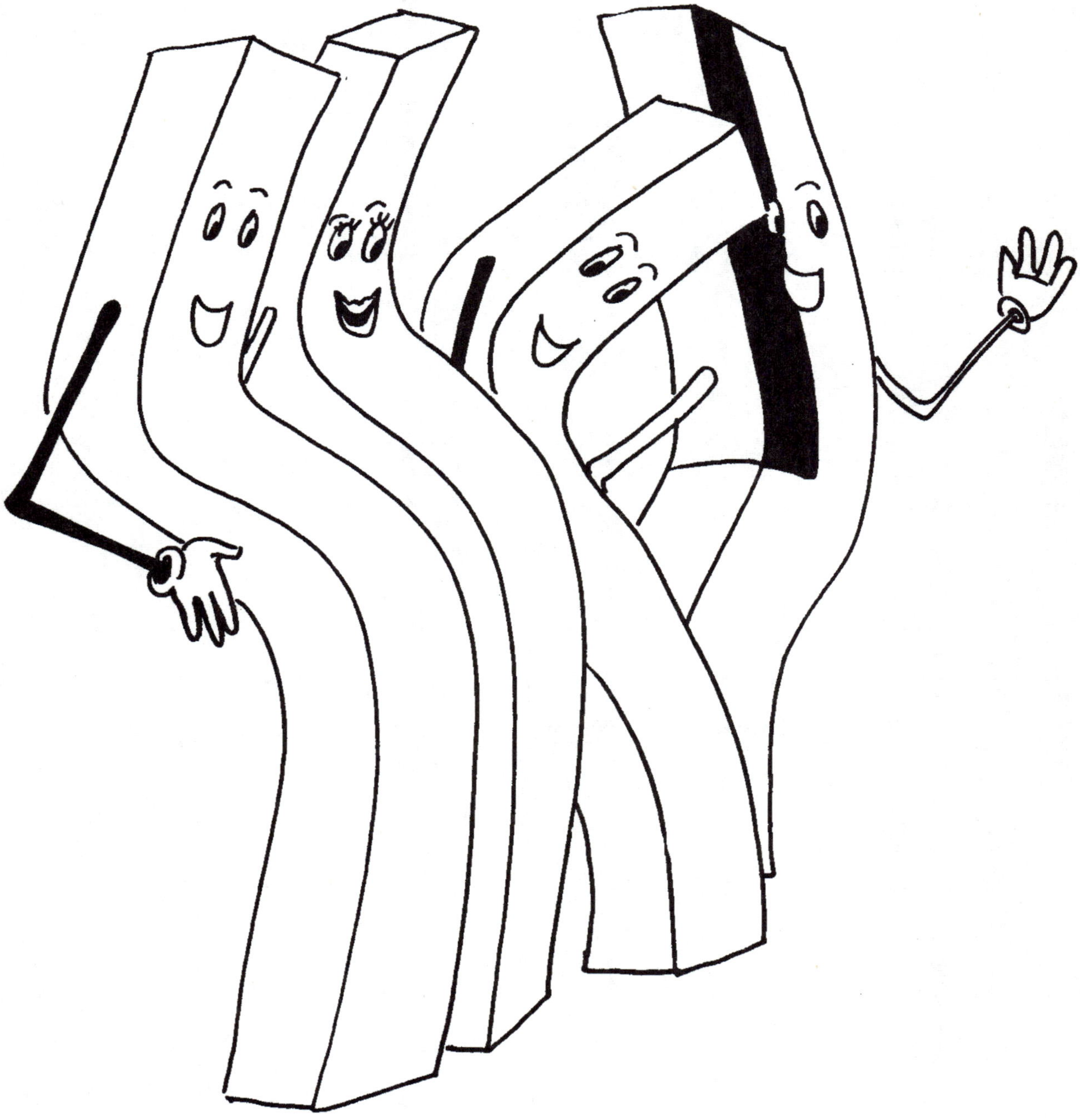

Good night Ladies

trad. aus England

72	H1
48	105

Swing Ragtime ♩ = *105*